Andreas Zimmermann
Grundrechtsschutz zwischen Karlsruhe und Straßburg

Schriftenreihe
der
Juristischen Gesellschaft zu Berlin

Heft 190

Grundrechtsschutz
zwischen Karlsruhe und Straßburg

Von
Andreas Zimmermann

Vortrag,
gehalten vor der
Juristischen Gesellschaft zu Berlin
am 13. Juli 2011

De Gruyter

Dr. *Andreas Zimmermann*,
Professor für Öffentliches Recht, insbesondere Europa- und Völkerrecht
sowie Europäisches Wirtschaftsrecht und Wirtschaftsvölkerrecht
an der Universität Potsdam

ISBN 978-3-11-029669-3
e-ISBN 978-3-11-029672-3

Bibliografische Information der Deutschen Nationalbibliothek

Die Deutsche Nationalbibliothek verzeichnet diese Publikation
in der Deutschen Nationalbibliografie; detaillierte bibliografische Daten
sind im Internet über http://dnb.d-nb.de abrufbar.

Druck und Bindung: Hubert & Co. GmbH & Co. KG, Göttingen

♾ Gedruckt auf säurefreiem Papier

Printed in Germany

www.degruyter.com

Übersicht

I. Einführung

„Bundesverfassungsgericht kippt Sicherungsverwahrung – Kommen jetzt gefährliche Sex-Verbrecher frei?" – so titelte die Bild-Zeitung[1] nach dem Urteil des Zweiten Senats des Bundesverfassungsgerichts zur Sicherungsverwahrung von Anfang Mai 2011[2] und führte dann weiter aus, dass dieses Karlsruher Urteil der Rechtsprechung des Europäischen Gerichtshofes für Menschenrechte in Straßburg zu ‚verdanken' sei.

Diese Reaktion, und sei es nur diejenige der Bild-Zeitung, belegt die Bedeutung der vorliegend zu behandelnden Frage nicht nur für das Bundesverfassungsgericht, nicht nur für die einfachen deutschen Gerichte, nicht nur für den Deutschen Bundestag und die Bundes- und Landesregierungen, sondern auch und gerade für die Bevölkerung insgesamt – sowie langfristig für die Legitimation deutschen und gemeineuropäischen Grundrechtsschutzes.[3] Das Thema „Grundrechtsschutz zwischen Karlsruhe und Straßburg" bietet daher aus grund- und menschenrechtlicher Perspektive, aber auch weit darüber hinaus, eine Menge an Zündstoff und Klärungsbedarf.[4]

Dass ein umfassender Grund- und Menschenrechtsschutz einer der tragenden Säulen sowohl jedes Rechtsstaats[5] als auch jedenfalls mittlerweile der gesamten Völkerrechtsordnung[6] darstellt, dürfte inzwischen

---

[1] Bild.de vom 04.05.2011, Bundesverfassungsgericht kippt Sicherheitsverwahrung – Kommen gefährliche Sex-Verbrecher jetzt frei? <http://www.bild.de/news/inland/sicherungsverwahrung/bundesverfassungsgericht-sicherungsverwahrung-verfassungswidrig- 17721950.bild.html>.

[2] BVerfG EuGRZ 2011, 297; vgl. dazu etwa *Jens Peglau*, Das BVerfG und die Sicherheitsverwahrung – Konsequenzen für Praxis und Gesetzgebung, NJW 2011, 1924; *Alexander Windoffer*, Die Maßregel der Sicherheitsverwahrung im Spannungsfeld von Europäischer Menschenrechtskonvention und Grundgesetz, DÖV 2011, 590.

[3] *Josef Franz Lindner*, Grundrechtsschutz in Europa – System einer Kollisionsdogmatik, EuR 2007, 160; *Jutta Limbach*, Das Bundesverfassungsgericht und der Grundrechtsschutz in Europa, NJW 2001, 2913; *Klaus Ritgen*, Grundrechtsschutz in der Europäischen Union, ZRP 2000, 371.

[4] Vgl. allgemein zu dem Thema europäischer Grundrechtsschutz *Beate Rudolf,* Die neue europäische Grundrechtsarchitektur – Auftrag für Anwälte, AnwBl 2011, 153; *Andreas Voßkuhle*, Der europäische Verfassungsgerichtsverbund, NVwZ 2010, 1; *Matthias Spranger*, Europäischer Grundrechtsschutz im Kontext vernetzter Rechtsordnungen, EuR 2009, 289; *Robert Uerpmann-Wittzack*, Doppelter Grundrechtsschutz für die zukünftige Europäische Union, DÖV 2005, 860.

[5] *Maurer,* Staatsrecht I, 5. Auflage, München 2007.

[6] So bezeugen die VN-Staaten in der Präambel der VN-Charta ihren

unbestritten sein. Dass dies aber auch in derzeit allen 47 Vertragsstaaten der Europäischen Menschenrechtskonvention[7] einheitlich so gesehen, aber auch weitgehend praktiziert und durch den Europäischen Gerichtshof für Menschenrechte durchgesetzt wird, ist nicht nur eine historische Errungenschaft, sondern auch ein gemeinsamer Wert, dessen Bedeutung für die europäische Friedensordnung vielleicht gar nicht hoch genug eingeschätzt werden kann. Die Fragen, die sich in diesem Zusammenhang stellen, beginnen daher eher im Detail – das gilt es sich zunächst vor Augen zu halten, wenn man sich genau diesen Detailfragen zuwendet: welche Wirkungen die Europäische Menschenrechtskonvention im deutschen Rechtsraum hat,[8] welchen Einfluss die Rechtsprechung des Europäischen Gerichtshofes für Menschenrechte bei der Auslegung und Anwendung der Europäischen Menschenrechtskonvention hat[9], sowie schließlich welchen Einfluss die Rechtsprechung des Europäischen Gerichtshofes für Menschenrechte auf die Rechtsprechung des Bundesverfassungsgerichts haben sollte[10].

II. Beispiele für divergierende Entscheidungen Bundesverfassungsgericht – Europäischer Gerichtshof für Menschenrechte

Ungeachtet gemeinsamer Traditionen und weitgehend paralleler materieller grundrechtlicher Verbürgungen in der Europäischen Menschenrechtskonvention einerseits und im deutschen Grundgesetz andererseits[11] ist es immer wieder zu Friktionen zwischen dem Karlsruher Bundesverfassungsgericht einerseits und dem Straßburger Europäischen

---

Glauben an die Grundrechte des Menschen und verkünden in Art. 1 Nr. 3 VN-Charta als eines der Ziele der Vereinten Nationen „die Achtung vor den Menschenrechten und Grundfreiheiten für alle ohne Unterschied der Rasse, des Geschlechts, der Sprache oder der Religion zu fördern und zu festigen.".

[7] Ein Überblick zum aktuellen Ratifikationsstand der EMRK ist abrufbar unter http://conventions.coe.int/ Treaty/Commun/ChercheSig.asp?NT=005& CM=3&DF=01/09/2011&CL=GER.

[8] Dazu näher unter V. Verhältnis Grundgesetz – EMRK.

[9] Dazu näher unter VI. Bedeutung der Rechtsprechung des EGMR bei der Auslegung der EMRK.

[10] Dazu näher unter VII. Verhältnis Bundesverfassungsgericht – EGMR.

[11] Vgl. zur Entstehungs- und Rezeptionsgeschichte der EMRK *Rainer Grote* in: Grote/Thilo Marauhn (Hrsg.), Konkordanzkommentar EMRK/GG, Tübingen 2006, Kapitel 1, S. 9 ff.

Gerichtshof für Menschenrechte andererseits gekommen, die immer wieder nur teilweise oder wenn überhaupt so doch erst in einem zweiten Anlauf aufgelöst werden konnten.

Ein erstes Beispiel hierfür bildet der Streit über die Zulässigkeit der baden-württembergischen Feuerwehrabgabe.

1. Baden-württembergische Feuerwehrabgabe

Die Feuerwehrabgabe wurde in Baden-Württemberg traditionell nur von denjenigen Männern erhoben, die keinen Dienst in der örtlichen Feuerwehr leisteten, in keinem Fall aber von Frauen. Bereits sehr früh war diese Ungleichbehandlung von Betroffenen vor dem Bundesverfassungsgericht gerügt worden. Das Bundesverfassungsgericht hatte jedoch als Reaktion darauf in einer Entscheidung aus dem Jahre 1961, ohne sich überhaupt ausführlicher mit Artikel 3 GG auseinanderzusetzen, ausgeführt, Artikel 12 Absatz 2 GG verbiete nicht, dass nur die Gruppe belastet werde, die für eine Dienstpflicht gerade dieser Art ,vernünftigerweise' in Betracht komme[12] und hatte vor diesem Hintergrund der entsprechenden Klage nicht stattgegeben. Danach hatte es im weiteren Verlauf immer wieder Verfassungsbeschwerden zur Feuerwehrabgabe zunächst nicht mehr zur Entscheidung angenommen.

Im Gegensatz dazu gelangte der Europäische Gerichtshof für Menschenrechte dann im Jahr 1994 zu dem Ergebnis, dass die Erhebung der baden-württembergischen Feuerwehrabgabe das akzessorische Diskriminierungsverbot des Artikel 14 der Europäischen Menschenrechtskonvention in Verbindung mit dem in Artikel 4 Absatz 3 litera d der Europäischen Menschenrechtskonvention enthaltenen Verbot der Zwangs- oder Pflichtarbeit verletze.[13]

Nach Auffassung des Europäischen Gerichtshofes für Menschenrechte kam es hier entscheidend darauf an, dass die Dienstpflicht aus seiner Sicht einen ausschließlich theoretischen Charakter besitze. Denn vor dem Hintergrund eines bestehenden ausreichenden Angebots an Freiwilligen in der Bundesrepublik Deutschland war in der Praxis kaum je ein Mann gezwungen gewesen, Feuerwehrdienst zu leisten. Die Feuerwehrabgabe hatte deshalb nach Auffassung des Europäischen Gerichtshofes

---

[12] BVerfGE 13, 167, 170 f.; *Kuno Barth*, Rechtswidrige Feuerwehrabgabe in Baden-Württemberg und Bayern, BB 1994, 1474; *Michael Sachs*, Feuerwehrdienst und Gleichberechtigungsgrundsatz, VBlBW 1981, 273.

[13] EGMR NVwZ 1995, 365 – *Feuerwehrabgabe*; *Georg Bader*, Feuerwehrabgabe und Gleichheitssatz, VBlBW 1994, 435.

für Menschenrechte zwar nicht rechtlich, wohl aber tatsächlich, den Charakter einer Ausgleichsabgabe verloren. Bei der Auferlegung einer solchen finanziellen Last könne daher eine solche Ungleichbehandlung aufgrund des Geschlechtes kaum gerechtfertigt werden.[14]

Diese Rechtsprechung des Europäischen Gerichtshofes für Menschenrechte veranlasste nur wenig später das Bundesverfassungsgericht durch eine Entscheidung im 92. Band seine bisherige Rechtsprechung zur verfassungsrechtlichen Zulässigkeit der auf Männer beschränkten Feuerwehrabgabe aufzugeben und im Hinblick auf eine bayerische Parallelregelung nunmehr eine Verletzung von Artikel 3 GG festzustellen ohne allerdings dabei die Rechtsprechung des Europäischen Gerichtshofes für Menschenrechte in seine Urteilsgründe mit einfließen zu lassen.[15]

2. Fall Vogt gegen Deutschland

Demgegenüber konnten die widersprüchlichen Haltungen des Bundesverfassungsgerichts einerseits und des Europäischen Gerichtshofes für Menschenrechte andererseits in dem Falle einer beamteten Lehrerin, die wegen ihrer Teilnahme an zahlreichen politischen Aktivitäten der Deutschen Kommunistischen Partei aus dem Schuldienst entlassen worden war,[16] nicht aufgelöst werden.

Eine Dreier-Kammer des Bundesverfassungsgerichts hatte auf der Grundlage seiner bisherigen Rechtsprechung eine in der Folge abgewiesener fachgerichtlicher Entscheidungen erhobene Verfassungsbeschwerde von Frau *Vogt* zurückgewiesen.[17] Begründet hatte dies das Bundesverfassungsgericht vor allem damit, dass die zu den hergebrachten und zu beachtenden Grundsätzen des Berufsbeamtentums gehörende politische Treuepflicht im Sinne von Artikel 33 Abs. 5 GG fordert, dass der Beamte sich stets eindeutig von Gruppen und Bestrebungen distanziert, welche die Bundesrepublik Deutschland, ihre verfassungsmäßigen Organe und

---

[14] EGMR NVwZ 1995, 365 (366).

[15] BVerfGE 92, 91; *Winfried Bausback*, Die kommunale Feuerschutzabgabe als Entscheidungsgegenstand des EGMR und des BVerfG, BayVBl 1995, 738; *Albert Bleckmann*, Bundesverfassungsgericht versus Europäischer Gerichtshof für Menschenrechte – Innerstaatliche Rechtskraft der Urteile des EGMR und Gleichheit von Mann und Frau, EuGRZ 1995, 387; *Klaas Engelken*, Regelung der Feuerwehrdienstpflicht nicht entschieden, BWGZ 1995, 259.

[16] Allgemein zu dem Thema *Ulrich Häde/Monika Jachmann*, Mitglieder extremistischer Parteien im Staatsdienst, ZBR 1997, 8.

[17] BVerfG, Beschluss vom 07. August 1990, 2 BvR 2034/89.

die geltende Verfassungsordnung des Grundgesetzes angreifen, bekämpfen und diffamieren. Deshalb sei bereits die Mitgliedschaft in der DKP und das außerschulische Wirken für die DKP ein verfassungsrechtlich ausreichender Grund für eine Entlassung aus dem Schuldienst.[18]

Demgegenüber stellte der Europäische Gerichtshof für Menschenrechte in dem daraufhin eingeleiteten Individualbeschwerdeverfahren gegen die Bundesrepublik Deutschland eine Verletzung des Rechts von Frau *Vogt* auf freie Meinungsäußerung gemäß Artikel 10 der Europäischen Menschenrechtskonvention sowie ihrer Vereinigungs- und Versammlungsfreiheit gemäß Artikel 11 der Europäischen Menschenrechtskonvention fest.[19] Insbesondere ging der Europäische Gerichtshof für Menschenrechte im Hinblick auf die Auslegung von Artikel 10 der Europäischen Konvention für Menschenrechte davon aus, dass der in der Entlassung aus dem Schuldienst zu sehende Eingriff in das Recht auf freie Meinungsäußerung nicht gerechtfertigt werden konnte, da sich die Tätigkeit von Frau *Vogt* für die DKP – und das war von der Bundesrepublik Deutschland nicht bestritten worden – auf den außerschulischen Bereich beschränkt hatte. Die Entlassung aus dem Schuldienst als Disziplinarmaßnahme sah der Straßburger Gerichtshof deshalb nicht mehr als „in einer demokratischen Gesellschaft notwendig" im Sinne von Artikel 10 Absatz 2 der Europäischen Menschenrechtskonvention an[20] und gelangte damit auch zu einem anderen Ergebnis als das Bundesverfassungsgericht bei dem die in Artikel 33 Absatz 5 des deutschen Grundgesetz verankerten Gemeinwohlbelange den Ausschlag gegebene hatten.

3. Caroline von Hannover

Zu einer unterschiedlichen rechtlichen Bewertung gelangten das Bundesverfassungsgericht einerseits und der Europäische Gerichtshof für Menschenrechte andererseits auch im Fall *Caroline von Hannover II*, welchem im Wesentlichen folgender Sachverhalt zugrunde lag.: Caroline von Hannover ging in den 1990er Jahren vor deutschen Zivilgerichten gegen die Veröffentlichung von Fotos in der deutschen Boulevardpresse vor, auf denen sie außerhalb der Wahrnehmung öffentlicher Funktionen

---

[18] BVerfG, ebd., Rdnr. 4f.
[19] EGMR NJW 1996, 375.
[20] EGMR NJW 1996, 375 (378).

12

gemeinsam mit anderen Personen, so unter anderem ihren Kindern, gezeigt wurde.

Weil Caroline von Hannover dabei vor dem Bundesgerichtshof[21] nur teilweise Erfolg erzielen konnte, rief sie das Bundesverfassungsgericht an, welches sich jedoch der Rechtsprechung des Bundesgerichtshofes anschloss und im konkreten Fall der Pressefreiheit gemäß Artikel 5 Absatz 1 Satz 2 Grundgesetz gegenüber dem allgemeinen Persönlichkeitsrecht gemäß Artikel 2 Absatz 1 in Verbindung mit Artikel 1 Absatz 1 GG von Caroline von Hannover den Vorrang einräumte.[22] Damit billigte es die von den deutschen Zivilgerichten und namentlich dem Bundesgerichtshof entwickelte Rechtsprechung zu so genannten absoluten Personen der Zeitgeschichte, hinsichtlich derer unabhängig von einem konkreten zeitgeschichtlichen Ereignis ein allgemeines Informationsbedürfnis bestehe.

Demgegenüber entschied der Europäische Gerichtshof für Menschenrechte im Jahre 2004 auf die von Caroline von Hannover erhobene Individualbeschwerde hin, dass das von den deutschen Gerichten gefundene Ergebnis mit Artikel 8 der Europäischen Menschenrechtskonvention und dem darin verbürgten Recht auf Achtung des Privatleben nicht vereinbar ist, da sich dieser im vorliegenden Fall im Wege einer Interessenabwägung gegen das Recht auf Meinungsfreiheit gemäß Artikel 10 der Europäischen Menschenrechtskonvention durchsetze.[23] Der Europäische Gerichtshof für Menschenrechte stützte sich dabei maßgeblich auf folgende Argumentation: Das für die Gewichtung des Rechts auf Privatleben und des Rechts auf freie Meinungsäußerung bestimmende Kriterium sei der Beitrag, den die veröffentlichten Fotos zu einer Debatte von allgemeinem Interesse leisten. Weil die Fotos Caroline von Hannover jedoch nicht die staatliche und politische Sphäre sondern ausschließlich rein private Vorgänge beträfen, liege ein solcher Beitrag nicht vor.[24]

Dem Bundesgerichtshof, der im weiteren Verlauf der Auseinandersetzung um die Veröffentlichung von Fotos aus Caroline von Hannovers Leben auf eine Anwendung der Figur des absoluten Zeitgeschichte verzichtet hatte,[25] folgend, hat auch das Bundesverfassungsgericht

---

[21] BGHZ 131, 332; *Gerd Seidel*, Der Fall Caroline von Monaco zwischen Karlsruhe und Straßburg, Recht und Politik 2005, 169; *Irene Fahrenhorst*, Paparazzi – Pressefotos und Privatsphäre – eine kritische Betrachtung der neueren Rechtsprechung des BGH im Lichte der EMRK, ZEuP 1998, 84.
[22] BVerfGE 101, 361; *Wolfgang Hoffmann-Riem*, Die Caroline II-Entscheidung des EGMR, NJW 2009, 20.
[23] EGMR EuGRZ 2004, 404 – *Caroline von Monaco.*
[24] EGMR EuGRZ 2004, 404 (413f.)
[25] BGH EuGRZ 2007, 503.

später – worauf im folgenden noch näher einzugehen sein wird – die Rechtsprechung des EGMR zu Artikel 8 und 10 EMRK nachvollzogen und ist zu Lasten der Pressefreiheit von einem höheren Schutzniveau der Privatsphäre der betroffenen Personen ausgegangen.[26]

4. Görgülü

Besondere Aufmerksamkeit zog der vom Bundesverfassungsgericht im Jahre 2004 entschiedene Görgülü-Beschluss auf sich[27], der für die weitere Bedeutung der Europäischen Menschenrechtskonvention sowie der Rechtsprechung des Europäischen Gerichtshofes für Menschenrechte bei der Auslegung und Anwendung des Grundgesetzes von grundlegender Bedeutung sein sollte.

In dem der Entscheidung zu Grunde liegenden Ausgangsverfahren stritt der türkische Staatsangehörige Kazim Görgülü vor deutschen Familiengerichten um ein Umgangs- und Sorgerecht mit seinem leiblichen Sohn. Dieser war nach seiner Geburt ohne Wissen des Vaters von der deutschen Mutter, mit der Herr Görgülü vor der Schwangerschaft eine kurze nichteheliche Lebensgemeinschaft geführt hatte, zur Adoption frei gegeben worden. Die gegen die ablehnende Entscheidung des Oberlandesgerichts Naumburg gerichtete, erste Verfassungsbeschwerde von Herrn Görgülü nahm das Bundesverfassungsgericht im Jahre 2001 noch nicht einmal zur Entscheidung an.[28]

Der daraufhin von dem Beschwerdeführer angerufene Europäische Gerichtshof für Menschenrechte entschied als Folge hiervon durch Urteil vom 26. Februar 2004, dass die Nichteinräumung des Sorge- und Umgangsrechts durch deutsche Gerichte das Recht von Herrn Görgülü auf Achtung des Familienlebens gemäß Artikel 8 der Europäischen Konvention für Menschenrechte verletzt habe.[29] Das danach erneut mit dem Rechtsstreit befasste Oberlandesgericht Naumburg verweigerte jedoch der Rechtsprechung des Europäischen Gerichtshofes für Menschenrechte die innerstaatliche Gefolgschaft, indem es – wenig überzeugend und zudem rein formal argumentierend – ausführte:

---

[26] BVerfGE 120, 180.
[27] Siehe dazu Georg Rixe, Der EGMR als Motor einer Harmonisierung des Familienrechts in Europa, FÜR 2008, 222; Thomas Groh, Nächster Halt: Karlsruhe – Endstation: Straßburg – Die Bedeutung des BVerfG und des EGMR für die Entscheidung umgangsrechtlicher Streitigkeiten, FÜR 2009, 153.
[28] BVerfG, Beschluss vom 31. Juli 2001 – 1 BvR 1174/01.
[29] EGMR EuGRZ 2004, 700 – Görgülü.

„Zwar lässt sich der Entscheidung [des Europäischen Gerichtshofes für Menschenrechte] entnehmen, dass der seinerzeit im Juni 2001 angeordnete Ausschluss des Umgangs nach Ansicht des Gerichtshofs das Recht des Kindesvaters auf Achtung seines Familienlebens nach Art. 8 EMRK verletzt habe, und unter Ziffer 64 des Urteils ist ausgeführt, dass sich die Bundesrepublik Deutschland als beteiligter Vertragsstaat gem. Art. 46 EMRK verpflichtet habe, den Urteilen des EGMR Folge zu leisten, was hier bedeute, dass durch geeignete Maßnahmen zur Anpassung der Rechtsprechung dem Kindesvater zumindest das Recht auf Umgang zu ermöglichen sei. Doch bindet dieser Urteilsspruch unmittelbar nur die Bundesrepublik Deutschland als Völkerrechtssubjekt, nicht aber deren Organe oder Behörden und namentlich nicht die Gerichte als nach Art. 97 I GG unabhängige Organe der Rechtsprechung."[30]

In einem zweiten, gegen das Urteil des Oberlandesgerichts Naumburg angestrengten Verfassungsbeschwerdeverfahren schloss sich dann jedoch das Bundesverfassungsgericht materiell der Rechtsauffassung des Europäischen Gerichtshofes für Menschenrechte zumindest weitgehend an und äußerte sich zudem grundlegend zu der innerstaatlichen Wirkung von Urteilen des Europäischen Gerichtshofes für Menschenrechte in Deutschland[31] so dass ein Widerspruch zwischen beiden Regelungsebenen – wenn auch wie zuvor bereits in anderen Verfahren erst in einem zweiten Anlauf – vermieden werden konnte.

5. Sicherungsverwahrung

Auch im Fall der nachträglichen Sicherungsverwahrung – auf den an späterer Stelle noch ausführlicher eingegangen wird –[32] führte erst eine Verurteilung Deutschlands dazu, dass sich das Bundesverfassungsgericht in Folgeverfahren die Auffassung des Europäischen Gerichtshofes für Menschenrechte in wesentlichen Punkten zu eigen machte nachdem es zuvor die nachträgliche Sicherungsverwahrung noch als mit dem Grundgesetz vereinbar angesehen hatte.

Evidenterweise bestehen dogmatische Unterschiede eher grundsätzlicher Art zwischen dem Recht der Europäischen Union einerseits und dem Konventionsrecht andererseits. Das Unionsrecht genießt im Verfas-

---

[30] EuGRZ 2004, S. 749 (751).
[31] BVerfGE 111, 307. *Klaus Grupp/Ulrich Stelkens*, Zur Berücksichtigung der Gewährleistungen der Europäischen Menschenrechtskonvention bei der Auslegung deutschen Rechts, DVBl 2005, 133. Näher zur Bindungswirkung von Urteilen des EGMR unter VIII.
[32] Näher unter VII.

sungsraum der Bundesrepublik Deutschland gemäß Artikel 23 GG in Verbindung mit dem Zustimmungsgesetz zu den Gründungsverträgen der Europäischen Union Anwendungsvorrang vor innerstaatlichem Recht. Demgegenüber nimmt das Konventionsrecht als völkerrechtlicher Vertrag bei formaler Betrachtung gemäß Artikel 59 Absatz 2 GG nur den Rang einfachen Gesetzesrechts ein[33]. Ungeachtet dieses Unterschiedes ergeben sich aber gleichwohl vielfältige strukturelle Gemeinsamkeiten, die es gleichwohl nahelegen können, Parallelüberlegungen zum Verhältnis zwischen Bundesverfassungsgericht und Europäischem Gerichtshof auch für das Verhältnis zwischen Europäischem Gerichtshof für Menschenrechte und Bundesverfassungsgericht anzustellen.

III. Modellfall Verhältnis Bundesverfassungsgericht – Europäischer Gerichtshof

Noch im Jahre 1974 war das Bundesverfassungsgericht im sogenannten Solange I-Beschluss davon ausgegangen, dass auf der Ebene der Europäischen Gemeinschaften ein dem Grundgesetz im wesentlichen vergleichbarer Grundrechtsschutz nicht bestehe, und dass deshalb die Übereinstimmung von Rechtakten der damaligen Europäischen Wirtschaftsgemeinschaft mit deutschen Grundrechten von ihm geprüft werden kann. In dieser Entscheidung führte das Bundesverfassungsgericht namentlich aus:

„Solange der Integrationsprozess der Gemeinschaft nicht so weit fortgeschritten ist, dass das Gemeinschaftsrecht auch einen von einem Parlament beschlossenen und in Geltung stehenden formulierten Grundrechtskatalog enthält, der dem Grundrechtskatalog des Grundgesetzes adäquat ist, ist nach Einholung der in Artikel 177 EWG-Vertrag [später: Art. 234 EGV; jetzt: Artikel 267 AEU-V] geforderten Entscheidung des EuGH die Vorlage eines Gerichtes der Bundesrepublik Deutschland an das BVerfG im Normenkontrollverfahren zulässig und geboten, wenn das Gericht die für es entscheidungserhebliche Vorschrift des Gemeinschaftsrechts in der vom EuGH gegebenen Auslegung für unanwendbar hält, weil und soweit sie mit einem der Grundrechte des Grundgesetzes kollidiert."[34]

---

[33] Zu Besonderheiten, die bei der Anwendung der EMRK im innerstaatlichen Recht gelten, siehe näher unter V.

[34] BVerfGE 37, 271; vgl. dazu *Hans-Peter Ipsen*, BVerfG versus EuGH re „Grundrechte", EuR 1975, 1; *Christian Pestalozza*, Sekundäres Gemeinschaftsrecht und nationale Grundrechte, Die Hüter der Verfassung als Wächter der Gemeinschaft, DVBl 1974, 716.

16

Bekanntlich hat das Bundesverfassungsgericht jedoch im Jahre 1986 mit seinem Solange II-Beschluss diese Rechtsprechung revidiert und zugleich akzeptiert, dass der Europäische Gerichtshof einen Grundrechtsschutz gewährt, der dem des Grundgesetzes im Wesentlichen vergleichbar ist indem es ausführte:

> „Solange die Europäische Gemeinschaft, insbesondere die Rechtspre-
> chung des Gerichtshofs der Gemeinschaften einen wirksamen Schutz der
> Grundrechte gegenüber der Hoheitsgewalt der Gemeinschaften generell
> gewährleistet, der dem vom Grundgesetz als unabdingbar gebotenen Grund-
> rechtsschutz im Wesentlichen gleich zu achten ist, zumal den Wesensgehalt
> der Grundrechte generell verbürgt, wird das BVerfG seine Gerichtsbarkeit
> über die Anwendbarkeit von abgeleitetem Gemeinschaftsrecht, das
> als Rechtsgrundlage für ein Verhalten deutscher Gerichte oder Behörden im
> Hoheitsgebiet der Bundesrepublik Deutschland in Anspruch genommen
> wird, nicht mehr ausüben und dieses Recht mithin nicht mehr am Maßstab
> der Grundrechte überprüfen; entsprechende Vorlagen nach Artikel 100 I GG
> sind somit unzulässig".[35]

Diese Rechtsprechung hat das Bundesverfassungsgericht in seiner Bananenmarkt-Entscheidung aus dem Jahre 2000 bestätigt und ausgeführt, dass Verfassungsbeschwerden und Vorlagen von Gerichten, die eine Verletzung in Grundrechten des Grundgesetzes durch sekundäres Gemeinschaftsrecht geltend machen, von vornherein unzulässig (sind), wenn ihre Begründung nicht darlegt, dass die europäische Rechtsentwicklung einschließlich der Rechtsprechung des EuGH nach Ergehen der Solange-II-Entscheidung unter den erforderlichen Grundrechtsstandard abgesunken ist.[36]

Überdies hat das Bundesverfassungsgericht in dem Emissionshandel-Beschluss im Jahre 2007 festgestellt, dass richtlinienumsetzende Gesetze nicht an deutschen Grundrechten zu prüfen sind, soweit sie europarecht-lich determiniert sind:

> „(D)ie innerstaatliche Umsetzung von Richtlinien des Gemeinschaftsrechts,
> die den Mitgliedstaaten keinen Umsetzungsspielraum belassen, sondern
> zwingende Vorgaben machen, wird vom Bundesverfassungsgericht und

---

[35] BVerfGE 73, 339; vgl. dazu *Karl Eckardt Heinz*, Grundrechtsschutz und Gemeinschaftsrecht – Zur Entscheidung des BVerfG „Solange II", DÖV 1987, 851; *Hans-Peter Ipsen*, Das Bundesverfassungsgericht löst die Grundrechts-Problematik, EuR 1987, 1.
[36] BVerfGE 102, 147; vgl. dazu die Anmerkung von *Angelika Emmerich-Fritsche*, Verfassungsmäßigkeit der Anwendung der gemeinsamen Marktorganisation der Europäischen Gemeinschaft für Bananen in der BRD, BayVBl 2000, 755.

den Fachgerichten nicht am Maßstab der Grundrechte des Grundgesetzes gemessen, solange die Rechtsprechung des Gerichtshofs der Europäischen Gemeinschaften einen wirksamen Schutz der Grundrechte gegenüber der Hoheitsgewalt der Gemeinschaften generell gewährleistet, der dem vom Grundgesetz jeweils als unabdingbar gebotenen Grundrechtsschutz im Wesentlichen gleich zu achten ist."[37]

Auch im Bereich der Kompetenzkontrolle hat das Bundesverfassungsgericht seinen Kontrollmaßstab inzwischen wesentlich zurückgefahren und geht – nachdem es mit seinem Urteil zum Vertrag von Lissabon zunächst für Unsicherheit gesorgt hatte –[38] seit dem Beschluss im Fall Honeywell[39] davon aus, dass eine *ultra-vires*-Kontrolle durch das Bundesverfassungsgericht nur noch dann in Betracht komme, wenn ein Kompetenzverstoß der europäischen Organe hinreichend qualifiziert ist.[40] Dies wiederum setzt voraus, dass das kompetenzwidrige Handeln der Unionsgewalt offensichtlich ist und der angegriffene Akt im Kompetenzgefüge zu einer strukturell bedeutsamen Verschiebung zu Lasten der Mitgliedstaaten führt.[41] Insbesondere sei dem EuGH vor der Bejahung eines *ultra-vires*-Aktes Gelegenheit zur Auslegung des europäischen Primärrechts sowie zur Entscheidung über die Gültigkeit und die Auslegung der fraglichen Handlungen eines Organs oder einer Einrichtung der Europäischen Union zu geben.[42] Bei der Auslegung des Unionsrechts ist dem Europäischen Gerichtshof aus der Sicht des Bundesverfassungsgerichts dabei auch die Rechtsfortbildung im Wege methodisch gebundener Rechtsprechung nicht verwehrt.[43] Um die

---

[37] BVerfGE 118, 7.

[38] BVerfGE 123, 267 (353f.): „Innerhalb der deutschen Jurisdiktion muss es zudem möglich sein, die Integrationsverantwortung im Fall von ersichtlichen Grenzüberschreitungen bei Inanspruchnahme von Zuständigkeiten durch die Europäische Union (…) und zur Wahrung des unantastbaren Kerngehalts der Verfassungsidentität des Grundgesetzes im Rahmen einer Identitätskontrolle einfordern zu können. Das Bundesverfassungsgericht hat hierfür bereits den Weg der Ultra-vires-Kontrolle eröffnet, die im Fall von Grenzdurchbrechungen bei der Inanspruchnahme von Zuständigkeiten durch Gemeinschafts- und Unionsorgane greift. (…) Sowohl die Ultra-vires- als auch die Identitätskontrolle können dazu führen, dass Gemeinschafts- oder künftig Unionsrecht in Deutschland für unanwendbar erklärt wird.

[39] EuGH Slg. 2005, I-9981; ausführlich dazu *Dagmar Schiek*, Grundsätzliche Bedeutung der gemeinschaftsrechtlichen Diskriminierungsverbote nach der Entscheidung Mangold, Arbeit und Recht 2006, 145.

[40] BVerfGE 126, 286, 304.

[41] BVerfGE 126, 286, 304.

[42] BVerfGE 126, 286, 304.

[43] BVerfGE 126, 286, 305.

18

Aufgaben und die Stellung der unabhängigen überstaatlichen Rechtsprechung durch den Europäischen Gerichtshof zu wahren respektiert das
Bundesverfassungsgericht insbesondere die unionseigenen Methoden der
Rechtsfindung, an welche sich der Europäische Gerichtshof seinerseits
gebunden sieht und räumt dem Europäischen Gerichthof dabei im
Hinblick auf die Interpretation des vertraglichen Unionsrechts sogar
einen „Anspruch auf Fehlertoleranz" ein.[44]

Das zwischen Bundesverfassungsgericht und dem Europäischen
Gerichtshof bestehende Kooperationsverhältnis erhält zudem aus der
Sicht des Bundesverfassungsgerichts auch dadurch eine Stärkung,
dass die Nichtvorlage eines deutschen Gerichts an den Europäischen
Gerichtshof das grundrechtsgleiche Recht auf einen gesetzlichen Richter
gemäß Artikel 101 Absatz 1 Satz 1 GG verletzen kann.[45]

Mit anderen Worten gesagt: das Bundesverfassungsgericht traut dem
EuGH sowohl in Grundrechtsfragen, aber auch in Kompetenzfragen,
eine Prüfung zu, die den Standards des Grundgesetzes genügt, und geht
davon aus, dass eine grundsätzliche, verfassungsrechtlich problematische
Divergenz bei der Beurteilung von Grundrechtsverletzungen entgegen
vieler Stimmen nicht zu befürchten ist.

Eine Rechtsprechung, die Mitte der achtziger Jahre noch einer
kleinen Revolution nahe kam und Kritiker gar als Souveränitätsverlust
Deutschlands werteten, stellt damit heute nicht nur eine ständige Rechtsprechung dar sondern wird vielmehr umgekehrt gerade als Sieg der
europäischen Integration weitgehend für richtig und notwendig erachtet.

Demgegenüber hatte der ehemalige Präsident des Bundesverfassungsgerichts *Hans-Jürgen Papier* noch in seiner Abschiedsrede festgestellt, im
Verhältnis von ‚Karlsruhe' einerseits und ‚Straßburg' andererseits bestehe
noch viel Klärungsbedarf:

> „Von (dem) Ziel eines (…) kooperativen und vor allem komplementären
> Grundrechtsschutzes sind wir nach meiner Einschätzung im Verhältnis zur
> Europäischen Menschenrechtskonvention und ihres Rechtsschutzsystems
> noch relativ weit entfernt. (…) hier sind Überschneidungen und Span-
> nungslagen sehr viel eher denkbar als im Verhältnis zur Rechtsordnung der
> Europäischen Union".[46]

---

[44] BVerfGE 126, 286, 307.
[45] Vgl. BVerfG NVwZ 2008, 780. Wann genau die Vorlagepflicht durch ein
nationales Fachgericht verletzt und dadurch der EuGH als gesetzlicher Richter
entzogen wird, ist innerhalb des BVerfG umstritten, siehe dazu *Matthias Bäcker*,
Altes und neues vom EuGH als gesetzlichem Richter, NJW 2011, 270.
[46] Abschlussrede vom 14. Mai 2010, EuGRZ 2010, 368.

Wie steht es also um das Verhältnis zwischen Grundgesetz und Europäischer Menschenrechtskonvention und wie steht es um das Verhältnis zwischen Bundesverfassungsgericht und Europäischem Gerichtshof für Menschenrechte?

Stehen beide Rechtsprechungsorgane lose nebeneinander oder beeinflussen sie sich doch gegenseitig?

Ist nicht auch im Verhältnis zwischen Bundesverfassungsgericht und Europäischem Gerichtshof für Menschenrechte jedenfalls neuerdings eine durchaus begrüßenswerte Entwicklung festzustellen nach der sich beide Gerichtshöfe aufeinander zu bewegen?

Hierfür bedarf es zunächst einer Analyse des verfassungsrechtlichen Normbestandes zum Verhältnis Grundgesetz – Europäische Menschenrechtskonvention. Zuvor jedoch soll ein kurzer rechtsvergleichender Überblick darüber gegeben werden, welche Stellung die Europäische Menschenrechtskonvention in den nationalen Rechtsordnungen anderer EMRK-Vertragsparteien einnimmt weil dies ein Schlaglicht auf die Frage wirft wie andere Konventionsstaaten mit den vorliegend aufgeworfen Fragen umgehen.

IV. Exkurs: Zur Stellung der Europäischen Menschenrechtskonvention in anderen Konventionsstaaten

Schon früh hatte der Europäische Gerichtshof für Menschenrechte entschieden, dass sich mangels einer entsprechenden ausdrücklichen Regelung in der Europäischen Menschenrechtskonvention keine *völkerrechtliche* Verpflichtung ergebe, die in ihr gewährleisteten Menschenrechte in nationales Recht zu inkorporieren[47].

Dessen ungeachtet haben aber inzwischen alle 47 Mitgliedstaaten des Europarats der Europäischen Menschenrechtskonvention mittlerweile innerstaatliche Geltung verschafft[48]. Fragen der Stellung und Wirkungsweise der Europäischen Menschenrechtskonvention in den Konventionsstaaten sind indes nicht einheitlich sondern höchst unterschiedlich und zugleich in Abhängigkeit von den Vorgaben des jeweiligen nationalen Verfassungsrechts geregelt. Insgesamt lassen sich

---

[47] Ständige Rechtsprechung seit EGMR *Schwedischer Lokomotivführerverband* 5614/72 EGMR-E 1 Nr. 21, Rn. 50.
[48] *Jochen Abr. Frowein/ Wolfgang Peukert*, EMRK-Kommentar, 3. Aufl. 2009, Art. 1 Rn. 2.

dabei jedoch vier Kategorien unterscheiden, die jeweils im Folgenden anhand einzelner ausgewählter Beispiele dargestellt werden sollen:[49]

Teilweise besitzt die Europäische Menschenrechtskonvention Über-verfassungsrang, so etwa in den Niederlanden, und geht damit sogar der niederländischen Verfassung vor. Demgegenüber hat die Konvention in Österreich Verfassungsrang, was bedeutet, dass eine Verletzung der Rechte der Europäischen Menschenrechtskonvention unmittelbar vor dem öster-reichischen Verfassungsgerichtshof gerügt werden kann.[50]

Einen Rang zwischen Verfassung und einfachem Recht nimmt die Europäische Menschenrechtskonvention demgegenüber beispielsweise etwa in der Schweiz, Portugal, Spanien und Belgien ein. Andere Ver-tragsparteien wiederum haben der Konvention – wie im Grundsatz ja auch die Bundesrepublik Deutschland – lediglich den Rang einfachen Gesetzesrechts eingeräumt; dies trifft zum Beispiel auf Italien, Dänemark Norwegen und Schweden zu wobei teilweise der Europäischen Men-schenrechtskonvention erst recht spät eine innerstaatliche Anwendbarkeit verschafft worden war.[51]

Eine hervorzuhebende Besonderheit gilt in Großbritannien, wo das Verhältnis von nationalem Recht und Europäischer Menschenrechtskon-vention im Human Rights Act 1998 geregelt ist[52] Dieser inkorporiert die in der Europäischen Menschenrechtskonvention gewährleisteten Rechte in die britische Rechtsordnung und ermöglicht erst dadurch eine Berufung auf sie vor britischen Gerichten. Diese sind seitdem dazu verpflichtet Gesetze – soweit wie möglich – in Übereinstimmung mit der Europäischen Menschenrechtskonvention auszulegen.[53] Zugleich müssen sie aufgrund der entsprechenden Anweisung im Human Rights Act bei der Entscheidungsfindung die Rechtsprechung des Europäischem

---

[49] Siehe zum Folgenden auch bereits die Beiträge in *Robert Blackburn/Jörg Polakiwicz* (Hrsg.), Fundamental Rights in Europe, 2001.

[50] Vgl. etwa Österreichischer Verfassungsgerichtshof, Erkenntnis vom 9. März, EuGRZ 2011, 291.

[51] Vgl. für Dänemark *Rainer Hofmann*, Das dänische Gesetz vom 29. April 1992 zur innerstaatlichen Anwendbarkeit der EMRK, EuGRZ 1992, 253.

[52] Text abgedruckt in *Lammy Betten* (Hrsg.), The Human rights Act 1998. What it Means – The Incorporation of the European Convention of Human Rights into the Legal Order of the United Kingdom, 1999, S. 205. Instruktiv zum Human Rights Act *David Hoffmann/John Rowe*, Human Rights in the UK. An Introduction to the Human Rights Act 1998, 3. Aufl. 2009.

[53] Section 3(1) Human Rights Act 1998: „So far as it is possible (...), primary legislation and subordinate legislation must be read and given effect in a way which is compatible with the Convention rights".

Gerichtshofes für Menschenrechte berücksichtigen.[54] Höhere britische Gericht können mit einer sogenannten „Declaration of Incompatibility" die Nichtvereinbarkeit eines Gesetzes mit der Europäischen Menschenrechtskonvention feststellen, wenn eine konventionskonforme Auslegung nicht in Betracht kommt. Folge einer solchen Feststellung ist jedoch nicht die Unwirksamkeit der betroffenen Norm; diese bleibt vielmehr solange wirksam, bis der britische Gesetzgeber sie ändert oder aufhebt.[55] Eine „Declaration of Incompatibility" ist jedoch zumindest dazu geeignet, eine politische Diskussion in Gang zu setzen. Schließlich hat sich das britische Parlament durch den Human Rights Act 1998 selbst zur Prüfung der Vereinbarkeit von Gesetzesvorlagen mit der Europäischen Menschenrechtskonvention verpflichtet.[56]

Insgesamt zeigt sich damit, dass alle Konventionsstaaten ungeachtet ihrer unterschiedlichen verfassungsrechtlichen Traditionen und ungeachtet divergierender Regelungsmethoden gleichermaßen bemüht sind generell Spannungen zwischen der Konvention und dem jeweiligen innerstaatlichen (Verfassungs-)Recht und speziell Spannungen zwischen der Spruchpraxis des Europäischen Gerichtshofes für Menschenrechte einerseits und derjenigen der nationalen (Verfassungs-)Gerichte andererseits möglichst zu vermeiden.

V. Verhältnis Grundgesetz – Europäische Menschenrechtskonvention

Dem Grundgesetz als nationalem Verfassungsrecht, gerade aber auch dessen Grundrechtsteil, wohnt der vielzitierte Grundsatz der Völkerrechtsfreundlichkeit inne[57] – ein Grundsatz, der sich für Völkergewohnheitsrecht aus Artikel 25 GG,[58] für völkerrechtliche Verträge wie der Europäischen Menschenrechtskonvention aus Artikel 59 Absatz 2 GG,

---

[54] Section 2 Human Rights Act 1998.
[55] Section 4 Human Rights Act 1998.
[56] Section 19 Human Rights Act 1998.
[57] Siehe dazu beispielsweise *Mehrdad Pedanjeh*, Völkerrechtsfreundlichkeit als Verfassungsprinzip – Ein Beitrag des Grundgesetzes zur Einheit von Völkerrecht und nationalem Recht, JÖR N.F. 2009, 465.
[58] Soweit Rechte aus der EMRK auch völkergewohnheitsrechtlich gelten, wird ihnen über Art. 25 GG ein Rang zwischen Grundgesetz und einfachem Gesetzesrecht verschafft, vgl. *Wolfgang Hoffmann-Riem*, Kohärenz der Anwendung europäischer und nationaler Grundrechte, EuGRZ 2002, 473 (475).

ferner der Präambel des Grundgesetzes und erneut speziell für die Europäische Menschenrechtskonvention aus dem Bekenntnis zu den „unverletzlichen und unveräußerlichen Menschenrechten" in Artikel 1 Absatz 2 GG herleiten lässt.[59] Diese sprichwörtliche Völkerrechtsfreundlichkeit des Grundgesetzes bezweckt einen möglichst weitgehenden Gleichklang zwischen innerstaatlichem Recht und den völkerrechtlichen Verpflichtungen der Bundesrepublik Deutschland, selbst wenn die Europäische Menschenrechtskonvention – anders als das Europäische Unionsrecht – *tel quel* keinen Geltungsvorrang vor dem Grundgesetz genießt.

Dementsprechend besteht erstens eine verfassungsrechtliche Verpflichtung aller deutschen Staatsorgane, die Deutschland bindenden Völkerrechtsnormen zu befolgen und deren Verletzungen zu unterlassen.[60] Daraus ergibt sich zugleich eine Verpflichtung aller deutschen Staatsorgane, deutsche Normen einschließlich deutscher Verfassungsnormen im Lichte der völkerrechtlichen Verpflichtungen der Bundesrepublik Deutschland, insbesondere aber im Lichte der Europäischen Menschenrechtskonvention, auszulegen.[61] Denn es ist nicht davon auszugehen, dass der verfassungsgebende oder aber der einfache Gesetzgeber von völkerrechtlichen Bindungen Deutschlands abweichen oder solche Abweichungen ermöglichen oder legitimieren wollte.[62]

Zweitens besteht eine Pflicht des deutschen Gesetzgebers gegebenenfalls zu gewährleisten, dass durch deutsche Staatsorgane begangene Völkerrechtsverletzungen korrigiert werden, soweit eine völkerrechtskonforme Auslegung nicht mehr in Betracht kommt.[63]

Auf der anderen Seite, und aus der Sicht der Europäischen Menschenrechtskonvention, räumt die Rechtsprechung des Europäischen Gerichtshofes für Menschenrechte den Konventionsstaaten bei der Umsetzung der Konventionsnormen fast durchgängig eine „margin of appreciation", also einen eigenständigen Beurteilungsspielraum, ein.[64] So führt etwa der Europäische Gerichtshof für Menschenrechte in seiner grundlegenden Entscheidung *Handyside* zu Artikel 10 Absatz 2 EMRK,

---

[59] *Matthias Herdegen* in: Maunz/Dürig, GG, 61. Ergänzungslieferung, 2011, Art. 25 Rn. 6.

[60] BVerfGE 112, 1.

[61] BVerfGE 58, 1, 34; 64, 1, 20; 74, 358 (370); 111, 307 (317).

[62] BVerfGE 74, 358 (370).

[63] BVerfGE 112, 1.

[64] Ständige Rechtsprechung seit EGMR A 6, § 10 (34 f.) – *Belgischer Sprachenfall*; ausführlich zur „margin of appreciation" *Howard Charles Yourow*, The margin of appreciation doctrine in the dynamics of European human rights jurisprudence, Den Haag 1996.

der regelt, wann die Meinungsfreiheit rechtmäßig eingeschränkt werden kann, aus:

> „Insbesondere lässt sich dem innerstaatlichen Recht der verschiedenen Vertragsstaaten nicht ein einheitlicher europäischer Moralbegriff entnehmen. Die Vorstellungen von den Anforderungen der Moral, die ihren jeweiligen Gesetzen zugrunde liegen, ändern sich je nach Zeit und Ort, besonders in unserer Epoche, die durch einen schnelllebigen und tiefgreifenden Wandel der Auffassungen auf diesem Gebiet gekennzeichnet ist. Dank ihres direkten und ständigen Kontakts zu den in ihren Ländern wirkenden Kräften sind die staatlichen Behörden grundsätzlich besser in der Lage als der internationale Richter, sich zum genauen Inhalt dieser Anforderungen zu äußern sowie zur „Notwendigkeit" einer „Einschränkung" oder „Strafdrohung", die dazu bestimmt ist, jenen Anforderungen zu entsprechen."[65]

Mit der Schaffung eines solchen Beurteilungsspielraums im Rahmen der Verhältnismäßigkeitsprüfung von staatlichen Maßnahmen nimmt der Europäische Gerichtshof für Menschenrechte zur Kenntnis, dass in den Konventionsstaaten aufgrund unterschiedlicher kultureller, historischer und philosophischer Hintergründe jedenfalls in Randbereichen unterschiedliche Grundrechtstraditionen bestehen und eröffnet damit zugleich den einzelnen nationalen Verfassungsordnungen Raum für eigenständige Entwicklungs- und Traditionslinien. Diese Rechtsprechungslinie ist zuletzt durch die Konventionsstaaten in ihrer Erklärung von Brighton' vom 20. April 2012 bestätigt worden[66] in der die Vertragsparteien zugleich auch ihren Willen zum Ausdruck gebracht haben, in der Präambel der EMRK eine Bezugnahme auf die margin-of-appreciation-Doktrin des Gerichtshofes und dessen Rechtsprechung aufzunehmen.

VI. Bedeutung der Rechtsprechung des Europäischen Gerichtshofes für Menschenrechte bei der Auslegung der Europäischen Menschenrechtskonvention

Die Rezeption der Europäischen Menschenrechtskonvention durch das deutsche Verfassungsrecht umfasst die Europäische Menschenrechtskonvention in der jeweiligen Auslegung des Europäischen Gerichtshofes

---

[65] EGMR E 1, 217 (222).

[66] ,High Level Conference on the Future of the European Court of Human Rights – Brighton Declaration', Wortlaut abrufbar unter: http://www.coe.int/en/20120419-brighton-declaration/

24

für Menschenrechte. Zum einen bezieht sich bereits bei ‚normalen‘ völkerrechtlichen Verträgen – wie etwa die Rechtsprechung des Bundesverfassungsgerichts zum sogenannten neuen strategischen Konzept der NATO[67] belegt – der Rechtsanwendungsbefehl des Artikel 59 Absatz 2 GG auf den jeweiligen Vertragsinhalt so wie er völkerrechtlich gilt.

Zum zweiten haben die Vertragsparteien der Europäischen Menschenrechtskonvention (und deren Parlamente) von Anfang an nicht nur die materiellen Garantien der Konvention in ihren (gesetzgeberischen) Willen aufgenommen, sondern haben – anders als bei gewöhnlichen völkerrechtlichen Verträgen – zugleich auch ein Gericht geschaffen und dieses mit einer eigenen Interpretationskompetenz ausgestattet, die nicht mehr der Kontrolle durch die Vertragsparteien unterliegt.[68] Die von allen Vertragsparteien der Konvention allseits akzeptierte Kontrolle des Europäischen Gerichtshofes für Menschenrechte von Vorbehalten zur Europäischen Menschenrechtskonvention legt davon ein beredtes und zugleich eindrucksvolles Zeugnis ab.

Drittens aber ist insbesondere zu berücksichtigen, dass die Vertragsparteien in Kenntnis – und damit jedenfalls in stillschweigender oder gar ausdrücklicher Billigung – der dynamischen Auslegung der Europäischen Menschenrechtskonvention und ihrer Protokolle durch den Europäischen Gerichtshofes für Menschenrechte und der durchaus extensiven Wahrnehmung seiner Kompetenzen immer wieder das Gerichtssystem der Konvention reformiert haben so etwa 1998 durch das 11. Zusatzprotokoll[69] und zuletzt durch das 14. Zusatzprotokoll.[70] Besonders eindrucksvoll gilt dies etwa für die umfassende Akzeptanz der Praxis der sogenannten Piloturteile[71] welche die Konventionsstaaten

---

[67] BVerfGE 104, 151; kritisch dazu *Ernst Zivier*, Demontage einer Verfassungsvorschrift? Recht und Politik 2003, 20.
[68] Vgl. Artikel 19 EMRK.
[69] BGBl. 1995 II S. 578.
[70] BGBl. 2010 II S. 1197.
[71] Siehe dazu *Marten Breuer*, Urteilsfolgen bei strukturellen Problemen – Das erste „Piloturteil" des EGMR, EuGRZ 2004, S. 445 und *Stefanie Schmahl*, Piloturteile des EGMR als Mittel der Verfahrensbeschleunigung, EuGRZ 2008, S. 369. Im September 2010 ist in der Rechtssache *Rumpf*, EuGRZ 2010, 700, erstmals ein Piloturteil gegen Deutschland ergangen, das den unzulänglichen Rechtsschutz gegen überlange Gerichtsverfahren betrifft. Der EGMR hat in seinem Urteil festgestellt, dass in Deutschland ein diesbezügliches strukturelles Problem besteht und den Gesetzgeber dazu aufgefordert, innerhalb eines Jahres nach Eintritt der Rechtskraft des Urteils einen effektiven Rechtsbehelf zu schaffen. Dieser Aufforderung ist der deutsche Gesetzgeber mit der Schaffung des Gesetzes über den Rechtsschutz bei überlangen Gerichtsverfahren und strafrechtlichen Ermittlungsverfahren, BGBl. 2011 I S. 2302, nachgekommen.

zu strukturellen Änderungen in ihren jeweiligen nationalen Rechtsordnungen verpflichten.

Mit dieser generellen Akzeptanz der Straßburger Rechtsprechung haben die Konventionsstaaten – und verfassungsrechtlich bedeutsam auch die jeweiligen nationalen Parlamente durch die jeweiligen Zustimmungsgesetze – den Gerichtshof weiter gestärkt und damit zugleich dessen Rolle bei der Auslegung und Anwendung der Europäischen Menschenrechtskonvention und damit auch dessen Rechtsprechung dynamisiert in ihren eigenen Willen aufgenommen.

VII. Verhältnis Bundesverfassungsgericht – Europäischer Gerichtshof für Menschenrechte

Vor diesem Hintergrund gilt es nun zu untersuchen, wie in den wenigen – teilweise aber signifikanten – eingangs skizzierten Konfliktfällen das Verhältnis zwischen der Rechtsprechung des Bundesverfassungsgerichts in Karlsruhe und derjenigen des Europäischen Gerichtshofes für Menschenrechte in Straßburg zu beurteilen ist.

Zunächst ist aber darauf hinzuweisen, dass beide Gerichte in ihrer Rechtsprechung immer wieder versucht haben aufeinander zuzugehen. Dies zeigt der bereits eingangs erwähnte Fall *Caroline von Hannover,* aber auch etwa umgekehrt für das Verhältnis Europäischer Gerichtshof für Menschenrechte zum italienischen Verfassungsgericht das Urteil des EGMR zur Zulässigkeit von Kreuzen in italienischen Schulen.[72]

Der Fall *Caroline von Hannover* belegt, dass das Bundesverfassungsgericht – ungeachtet einer heftigen Kritik an dem Urteil des Europäischen Gerichtshofes für Menschenrechte durch deutsche Juristen[73] – trotz langer und etablierter Rechtsprechungstradition durchaus bereit ist, sich der Argumentation des Straßburger Gerichtshofes zu öffnen und eigene Rechtsprechungslinien zu überdenken oder zumindest die eigene

---

[72] EGMR NVwZ 2011, 737 – *Lautsi* mit Anmerkung von *Michael Lysander Fremuth.*

[73] *Christoph Grabenwarter,* Schutz der Privatsphäre versus Pressefreiheit – Europäische Korrektur eines deutschen Sonderweges? AfP 2004, 309; *Hubertus Gersdorf,* Caroline Urteil des EGMR – Bedrohung der nationalen Medienordnung, AfP 2005, 221; einen Überblick über die Reaktionen gibt *Hans Forkel,* Das Caroline-Urteil aus Straßburg – richtungsweisend für den Schutz auch der seelischen Unversehrtheit, ZUM 2005, 192.

Grundrechtsprüfung im Lichte der Rechtsprechung des Europäischen Gerichtshofes für Menschenrechte durchzuführen.

Hält man sich nunmehr die Urteile beider Gerichtshöfe zur nachträglichen Sicherheitsverwahrung vor Augen, so bestätigt sich diese Einschätzung eindrucksvoll. In dem lang erwarteten Urteil vom 4. Mai 2011 hatte sich das Bundesverfassungsgericht entgegen seiner eigenen früheren Rechtsprechungslinie dem Europäischen Gerichtshof für Menschenrechte angeschlossen und die nachträgliche und unbefristete Sicherheitsverwahrung für verfassungswidrig erklärt.[74]

Doch bis dahin war es bekanntlich ein steiniger Weg: Nachdem das Bundesverfassungsgericht die unbefristete Sicherheitsverwahrung zunächst noch im Jahre 2004 für verfassungsmäßig erklärt hatte,[75] ergingen zwischen 2009 und 2011 wiederholt entgegenstehende Urteile aus Straßburg, die Verstöße Deutschlands gegen Artikel 5 und Artikel 7 der Europäischen Menschenrechtskonvention feststellten[76], ohne dass der eigentlich zum Handeln berufene Gesetzgeber darauf reagiert hätte. Die damit entstandene Rechtsprechungsdivergenz zwischen Karlsruhe und Straßburg löste unter deutschen Juristen, Politikern und Medien eine fast unerwartet heftige Diskussion über die Bindungswirkung von Urteilen des Europäischen Gerichtshofes für Menschenrechte für Deutschland aus.[77]

---

[74] BVerfG, EuGRZ 2011, 297.

[75] BVerfGE 109, 133; vgl. zu dem Urteil *Thomas Elsner/Klara Schobert*, Gedanken zur Abwägungsresistenz der Menschenwürde – angestoßen durch das Urteil des Bundesverfassungsgerichts zur Verfassungsmäßigkeit der Sicherungsverwahrung, DVBl 2007, 278; *Jörg Kinzig*, An den Grenzen des Strafrechts – Die Sicherungsverwahrung nach den Urteilen des Bundesverfassungsgerichts, NJW 2004, 911.

[76] Unter anderem EGMR EuGRZ 2010, 25 – *Sicherheitsverwahrung*. Dazu *Heike Jung*, Die Sicherheitsverwahrung auf dem Prüfstand der EMRK, GA 2010, 639; *Christoph Grabenwarter*, Wirkungen eines Urteils vom Europäischen Gerichtshof für Menschenrechte – am Beispiel des Falls M. gegen Deutschland, JZ 2010, 857.

[77] Zur Bindungswirkung von EGMR-Entscheidungen u. a. *Hans-Georg Dederer*, Die Architektonik des europäischen Grundrechtsraums, ZaöRV 2006, 575, 590 ff.; *Felix Ekardt/Verena Lessmann*, EuGH, EGMR und Bundesverfassungsgerichts: Die dritte Gewalt im transnationalen Mehrebenensystem, KJ 2006, 381, 386 f.; *Marten Breuer*, Karlsruhe und die Gretchenfrage: Wie hast du's mit Straßburg? NVwZ 2005, 412; *Heiko Sauer*, Die neue Schlagkraft der gemeineuropäischen Grundrechtsjudikatur – Zur Bindung deutscher Gerichte an die Entscheidungen des Europäischen Gerichtshofs für Menschenrechte, ZaöRV 2005, 35, 38 ff.; *Bert Schaffarzik*, Europäische Menschenrechte unter der Ägide des Bundesverfassungsgerichts, DÖV 2005, 860, 863 ff.; *Jochen Abr.*

Die nationalen Gerichte ihrerseits haben auf sehr unterschiedliche Weise darauf reagiert. Teilweise wurde die Sicherheitsverwahrung im Anschluss an die Straßburger Urteile für erledigt erklärt,[78] teilweise wurden die Entscheidungen dem Bundesgerichtshof vorgelegt,[79] andere Gerichte wiederum wichen bewusst von der Entscheidung des Europäischen Gerichtshofes für Menschenrechte ab.[80]

Es gebe „keinen Anlass, von der Auslegung des Grundgesetzes abzuweichen", zumal die Europäische Menschenrechtskonvention sowieso „kein unmittelbarer verfassungsrechtlicher Prüfungsmaßstab" sei, erklärte etwa der nordrhein-westfälische Justizminister *Thomas Kutschaty*, SPD.[81] Noch weiter ging die bayerische Justizministerin *Beate Merk*, CSU, die nicht den Straßburger Gerichtshof, sondern das Bundesverfassungsgericht für „wegweisend" hielt und erläuterte, „die Verfassung habe in Deutschland das letzte Wort" und dabei müsse „es bleiben".[82]

Selbst Bundesverfassungsgerichtspräsident *Andreas Voßkuhle* übte Kritik an den Straßburger Urteilen. Diese hätten die Sicherheitsinteressen der Bevölkerung „nur ganz am Rande in den Blick genommen".[83] Umso mehr schlug das Urteil des Bundesverfassungsgerichts vom 4. Mai 2011 dann fast wie eine Bombe ein.

Entgegen aller Erwartungen schloss sich das Bundesverfassungsgericht nämlich nunmehr bekanntlich der Ansicht des Straßburger Gerichtshofes an und stellte einen Verstoß der unbefristeten beziehungsweise nachträglichen Sicherheitsverwahrung sowie aller Vorschriften des Strafgesetzbuches und des Jugendgerichtsgesetzes über die Anordnung und Dauer der Sicherheitsverwahrung gegen Artikel 2 Absatz 2 Satz 2 GG und Artikel 104 Absatz 1 GG und mithin deren Verfassungswidrigkeit fest. Das oft hoch beschworene Spannungsverhältnis zwischen dem Karlsruher Gericht und dem Straßburger Gericht scheint sich damit weitgehend in Luft ausgelöst zu haben.

Frowein, Der europäische Grundrechtsschutz als Beginn einer europäischen Verfassungsrechtsprechung, JuS 1986, 845, 850.

[78] U.a. OLG Hamm, Beschluss vom 29.07.2010 – III-4 Ws 193/10, 4 Ws 193/10; OLG Karlsruhe, Beschluss vom 15.07.2010 – 2 Ws 44/10.

[79] OLG Hamburg, Beschluss vom 24.01.2011 – 3 Ws 8/11.

[80] OLG Rostock, Beschluss vom 20.01.2011 – Ws 6/11; OLG Celle, Beschluss vom 17.01.2011 – 2 Ws 423/10.

[81] Spiegel Online vom 8. Februar 2011, Im Zweifel für die Dauerhaft, <http://www.spiegel.de/panorama/justiz/0,1518,744298-6,00.html>.

[82] Spiegel Online vom 8. Februar 2011, Im Zweifel für die Dauerhaft, <http://www.spiegel.de/panorama/justiz/0,1518,744298-7,00.html>.

[83] TAZ Online vom 8. Februar 2011, Sexualtäter erhält Entschädigung, <http://www.taz.de/!65592/>.

Solange es allerdings keine abschließende sowie umfassende – und allseitig konsentierte – Klärung darüber gibt, in welchem Verhältnis *divergierende* Entscheidungen des Bundesverfassungsgerichts und solche des Europäischen Gerichtshofes für Menschenrechte im Falle eines Konfliktes stehen, hat sich das Spannungsverhältnis zwischen nationalem und europäischem Grundrechtsschutz aber gerade noch nicht erledigt. Daher gilt es sich nunmehr der spezifischen Frage nach der innerstaatlichen Bedeutung und Wirkung von Urteilen des Straßburger Gerichtshofes zuzuwenden.

VIII. Wirkungen von Urteilen des Europäischen Gerichtshofes für Menschenrechte

Festzuhalten gilt dabei zunächst, dass die Europäische Menschenrechtskonvention als völkerrechtlicher Vertrag formal über Artikel 59 Absatz 2 GG im Rang eines Bundesgesetzes steht und damit grundsätzlich und *tel quel* keinen Prüfungsmaßstab für das Bundesverfassungsgericht darstellt.[84] Die Urteile des Europäischen Gerichtshofes für Menschenrechte ihrerseits sind dabei bloße Feststellungsurteile ohne kassatorische Wirkung.[85] Auch die in Artikel 46 der Europäischen Menschenrechtskonvention normierte „Bindung" der Vertragsstaaten an die Urteile des Europäischen Gerichtshofes für Menschenrechte hat lediglich auf völkerrechtlicher Ebene Bedeutung.[86]

Es wurde mithin also mit der Europäischen Menschenrechtskonvention zunächst ein rein völkerrechtliches, von den nationalen Rechtsordnungen losgelöstes, Rechtsschutzsystem begründet. Zur Aufhebung oder Abänderung innerstaatlicher Rechtsakte ist der Straßburger Gerichtshof *kraft Völkerrechts* nicht befugt. Insbesondere enthält die Europäische Menschenrechtskonvention selbst keine ausdrücklichen Vorschriften über die Stellung der Urteile des Europäischen Gerichtshofes für Menschenrechte im nationalen Recht. Immerhin haben die Vertragsparteien der Konvention in ihrer kürzlichen „Erklärung von Brighton" erklärt,

---

[84] BVerfGE 111, 307, 317.

[85] *Jens Meyer-Ladewig*, Europäische Menschenrechtskonvention Handkommentar, Artikel 46 Rn. 23, 3. Auflage, Baden-Baden 2011.

[86] *Herbert Landau*, Die Entwicklung der Menschenrechte in der Rechtsprechung des Bundesverfassungsgerichts und des Europäischen Gerichtshofs für Menschenrechte, DVBl 2008, 1269, 1273.

dass der Gerichtshof die Konvention authentisch interpretiere[87] und dass nationale Gerichte die Konvention und die Rechtsprechung des Gerichtshofes berücksichtigen mögen („should take into account").[88]

Im Schrifttum ist die innerstaatliche Wirkung von Entscheidungen des Europäischen Gerichtshofes für Menschenrechte daher umstritten.[89]

Klar und unbestritten ist aber in jedem Fall, dass eine Verurteilung Deutschlands durch den Europäischen Gerichtshof für Menschenrechte gemäß dem nationalen Prozessrecht ein Grund für die Wiederaufnahme eines rechtskräftig abgeschlossenen innerstaatlichen Verfahrens darstellt. Im Jahre 1998 hatte der deutsche Gesetzgeber mit § 359 Nr. 6 der Strafprozessordnung erstmals einen solchen Wiederaufnahmegrund im Bereich des Strafrechts geschaffen.

Darüber hinaus sieht § 580 Nr. 8 ZPO seit Dezember 2006 die Möglichkeit der Wiederaufnahme von durch Endurteil entschiedenen zivilrechtlichen Streitigkeiten im Wege der Restitutionsklage vor. Zudem verweisen Normen des Arbeits- (§ 79 ArbGG), des Sozial- (§ 179 SGG), des Verwaltungs- (§153 VwGO) sowie des Finanzprozessrechts (§ 134 FGO) jeweils auf § 580 Nr. 8 ZPO.

Das Bundesverfassungsgericht selbst hat sich erstmals explizit zum Verhältnis der deutschen Rechtsordnung zu den Urteilen des Europäischen Gerichtshofes für Menschenrechte im eingangs erwähnten *Görgülü*-Beschluss geäußert.[90] Zwar hatte das Karlsruher Verfassungsgericht darin eine durchaus zu begrüßende Berücksichtigungspflicht[91] herausgearbeitet, wonach die Konventionsbestimmungen gerade *in der Auslegung des Europäischen Gerichtshofes für Menschenrechte* von deutschen Gerichten zur Kenntnis genommen werden müssten.

Diese Berücksichtigungspflicht leitet das Verfassungsgericht erstens aus dem im Zustimmungsgesetz zur Europäischen Menschenrechtskonvention enthaltenen Rechtsanwendungsbefehl, zweitens aus der verfassungsrechtlichen Bindung an Recht und Gesetz nach Artikel 20 Absatz 3 GG sowie drittens aus Artikel 52 der Europäischen Menschenrechtskonvention ab, wonach die Vertragsparteien die wirksame Anwendung aller Konventionsbestimmungen zu gewährleisten haben.

---

[87] ,High Level Conference on the Future of the European Court of Human Rights – Brighton Declaration' (Anm. 66), Teil B.10.

[88] Ebd., Teil A. 7

[89] *Landau* (Fn. 86) S. 1273 ff. m. w. N., *Sauer* (Fn. 77) S. 38 m. w. N.

[90] BVerfGE 111, 307, 315 ff.

[91] BVerfGE 111, 307, 324. Kritisch dazu *Christian Hillgruber*, Ohne rechtes Maß? Eine Kritik der Rechtsprechung des BVerfG nach 60 Jahren, JZ 2011, 861, 870.

30

Diese Bindungswirkung erstreckte das Bundesverfassungsgericht dabei nicht nur auf die Bundesrepublik Deutschland als Völkerrechtssubjekt, sondern verpflichtete auch und gerade explizit die nationalen Behörden und Gerichte zur Berücksichtigung des Konventionsrechts.[92] Die Nichtberücksichtigung von Urteilen des Europäischen Gerichtshofes für Menschenrechte durch staatliche Organe kann dabei aus der Sicht des Bundesverfassungsgerichts Grundrechte des Grundgesetzes in Verbindung mit dem Rechtsstaatsgebot verletzen und deshalb mit der Urteilsverfassungsbeschwerde gerügt werden.[93]

Diese Erstreckung der Bindungswirkung von Urteilen des Europäischen Gerichtshofes für Menschenrechte auf alle staatlichen Stellen war ein Novum in der deutschen Verfassungsrechtsprechung und gleichzeitig logische Konsequenz des Konventionsregimes, geht doch die Europäische Menschenrechtskonvention weit über den Verpflichtungscharakter gewöhnlicher völkerrechtlicher Verträge hinaus, denn im Unterschied zum allgemeinen Völkerrecht sind die unmittelbar Begünstigten die in ihren Rechten verletzten Individuen. Insbesondere verpflichtet Artikel 1 der Europäischen Menschenrechtskonvention alle Konventionsstaaten zur Gewährleistung aller in der Konvention normierten Rechte und Pflichten. Eine nur den Staat als Völkerrechtssubjekt verpflichtende Bindungswirkung würde demgegenüber dieser Wirkung nicht gerecht werden. Dass die Europäische Menschenrechtskonvention unmittelbare geltende Rechtspositionen verleiht kann und darf daher bei der Frage nach der Bindung der nationalen Gerichte und Behörden nicht unbeachtet bleiben.

Dennoch erscheint dieses Urteil im Lichte eines effektiven Grundrechtsschutzes unbefriedigend. Denn das *Görgülü*-Urteil verpflichtete zwar die Gerichte dazu, sich mit Urteilen des Europäischen Gerichtshofes für Menschenrechte zu befassen, räumte den nationalen Behörden und Gerichten allerdings gleichwohl die Möglichkeit ein, von der Entscheidung aus Straßburg abzuweichen, sofern dies nur nachvollziehbar begründet wird.[94] Mit anderen Worten: Die Pflicht der nationalen Gerichte nach einem festgestellten Konventionsverstoß Deutschlands sollte sich darauf beschränken, diesen zur Kenntnis zu nehmen. In der praktischen Umsetzung der Entscheidung sollten sie allerdings gerade nicht dazu verpflichtet sein, ihr zu folgen, sondern konnten ihre bisherige Rechtsprechungspraxis fortführen, solange diese ausreichend begründet

---

[92] BVerfGE 111, 307, 323.
[93] BVerfGE 111, 307, 329f.
[94] BVerfGE 111, 307, 324 f.

wird. Ein Anlass zu einer solchen Abweichung sollte insbesondere dann bestehen, wenn es sich bei der Grundrechtsprüfung um mehrpolige Grundrechtskonstellationen mit Grundrechtskollisionen handelte.[95]

Analysiert man die Rechtsprechung zu *Caroline von Hannover* und zur Sicherheitsverwahrung, so wird deutlich, dass Grundrechtskollisionen in den Verfahren vor dem Bundesverfassungsgericht und dem Europäischen Gerichtshof für Menschenrechte nicht gerade selten sind und somit Abweichungen von Entscheidungen des Europäischen Gerichtshofes für Menschenrechte nicht auszuschließen waren. Das bloße Berücksichtigungserfordernis des Bundesverfassungsgerichts glich im Ergebnis daher eher einer besonderen Begründungslast im Abweichungsfalle als einer wirklichen Pflicht.[96] Nach Ansicht des Bundesverfassungsgerichts hatte Deutschland somit gerade nicht das in der nationalen Verfassungsgerichtsbarkeit liegende letzte Wort der Souveränität abgegeben. So verwundert es nicht, dass sich das Karlsruher Gericht im Anschluss an den Urteilsspruch der Kritik ausgesetzt sah, es habe den Souveränitätsanspruch Deutschlands überbetont und Straßburg in seine Schranken verwiesen.[97]

Eine bloße Berücksichtigungspflicht der nationalen Behörden und Gerichte in dieser Ausgestaltung birgt jedoch die Gefahr eines zirkulären Rechtswegs ohne Letztentscheidungsbefugnis in sich und konnte dauerhaft kein befriedigendes Ergebnis bei der Lösung von Rechtsprechungsdivergenzen zwischen Straßburg und Karlsruhe bringen. Zudem führte diese Rechtsprechung zur Gefahr einer Relativierung der Judikatur des Europäischen Gerichtshofes für Menschenrechte.

Umso mehr ist es zu begrüßen, dass das Bundesverfassungsgericht in seinem letzten Urteil zur Verfassungsmäßigkeit der Sicherheitsverwahrung mehr denn je die Rechtsprechung des Europäischen Gerichtshofes für Menschenrechte in seine Erwägungen mit hat einfließen lassen. Das Karlsruher Verfassungsgericht hat nunmehr nicht nur betont – insoweit noch *Görgülü* folgend –, dass den Gewährleistungen der Europäischen Menschenrechtskonvention verfassungsrechtliche Bedeutung insoweit zukomme, als sie die Auslegung der Grundrechte und rechtsstaatliche Grundsätze des Grundgesetzes beeinflussen, sofern dies nicht zu einer Einschränkung oder Minderung des Grundrechtsschutzes nach dem Grundgesetz führt (sogenanntes Rezeptionshemmnis)[98] und dass (erneut

---

[95] BVerfGE 111, 307, 324 f.

[96] So *Sauer* (Fn. 77) S. 45.

[97] So die Neue Zürcher Zeitung (NZZ) vom 20.10.2004, Karlsruher Richter irritieren Straßburg, S. 1.

[98] BVerfG EuGRZ 2011, 297, 310.

Görgülü bestätigend) zudem Verstöße gegen die Europäischen Menschenrechtskonvention im Rahmen einer zulässigen Verfassungsbeschwerde
über den Weg des Artikel 2 Absatz 1 GG oder das jeweils einschlägige
Spezialgrundrecht rügefähig sind.

Zudem aber – und das war das Novum – sollen sich die innerstaatlichen Wirkungen der Entscheidungen des Europäischen Gerichtshofes für
Menschenrechte nicht (mehr!) in einer bloßen Berücksichtigungspflicht
aus Artikel 20 Absatz 3 GG in Verbindung mit Artikel 59 Absatz 2 GG
erschöpfen. Das Grundgesetz wolle vielmehr vor dem Hintergrund der
zumindest faktischen Präzedenzwirkung der Entscheidungen internatio-
naler Gerichte Konflikte zwischen den völkerrechtlichen Verpflichtungen
der Bundesrepublik Deutschland und dem nationalen Recht nach
Möglichkeit vermeiden.[99]

Das Bundesverfassungsgericht verleiht damit in dieser Entscheidung
den Urteilen des Europäischen Gerichtshofes für Menschenrechte ein
größeres Gewicht bei der nationalen Umsetzung als noch im *Görgülü*-
Urteil. Das Gericht geht hier über die bislang angenommene bloße
Berücksichtigungspflicht hinaus und erkennt eine Abweichungsmög-
lichkeit nur noch für Ausnahmefälle an. Doch weist das Bundesverfassungsgericht in dieser Entscheidung wiederholt darauf hin, dass ein
solches Rezeptionshemmnis – nach wie vor! – vor allem in mehrpoligen
Grundrechtsverhältnissen relevant werden kann.[100] Eine Divergenz der
Rechtsprechung beider Gerichtshöfe ist damit auch nach Ansicht des
Bundesverfassungsgerichts für die Zukunft keinesfalls ausgeschlossen.
Es bleibt deshalb weiterhin Aufgabe, für diese Fälle adäquate Lösungen
zu entwickeln.

IX. Neubewertung des Verhältnisses Bundesverfassungsge-
richt – Europäischer Gerichtshof für Menschenrechte

Bedarf es daher und vor diesem Hintergrund nicht doch einer weiter-
gehenden Neubewertung des Verhältnisses der Entscheidungen[101] des
Europäischen Gerichtshofes für Menschenrechte analog zum Verhältnis
Bundesverfassungsgericht – Europäischer Gerichtshof insbesondere
dann, wenn man sich die Gefahren zukünftiger Divergenzen in der

---

[99] BVerfG, EuGRZ 2011, 297, 309.
[100] BVerfG, EuGRZ 2011, 297, 310.
[101] So *Ekardt/Lessmann* (Fn. 77) S. 381.

Judikatur der beiden Gerichte (Bundesverfassungsgericht – Europäischer Gerichtshof für Menschenrechte) vor Augen hält vorausgesetzt allerdings, dass der vom Europäischen Gerichtshof für Menschenrechte vorgegebene Grundrechtsschutzstandard der dem vom Grundgesetz gebotenen Grundrechtsschutz zumindest ebenbürtig und im wesentlichen vergleichbar ist?

In der Tat sprechen vielfältige Argumente dafür, den eingangs skizzierten Grundansatz des Bundesverfassungsgerichts zu seinem Verhältnis zum Europäischen Gerichtshof *mutatis mutandis* auch auf das Verhältnis zum Europäischen Gerichtshof für Menschenrechte zu übertragen.

Erstens besteht im Verhältnis zum Europäischen Gerichtshof für Menschenrechte genauso wie gegenüber dem Europäischen Gerichtshof die Gefahr, dass – würde jeder Mitgliedstaat beziehungsweise jeder Konventionsstaat für sich das Recht in Anspruch nehmen, durch eigene Gerichte über die Auslegung der Europäischen Menschenrechtskonvention und die Relevanz von Urteilen des Europäischen Gerichtshofs für Menschenrechte zu entscheiden – keine einheitliche Anwendung der Konvention mehr sichergestellt wäre.

Zweitens steht einer solchen Übertragung auch nicht zwingend entgegen, dass der Kreis der Konventionsstaaten im Vergleich zur Europäischen Union ein geringeres Maß an Homogenität aufweist. Denn auch in einer Europäischen Union mit vielleicht bald 30 plus x Mitgliedstaaten wird nicht an dem ehernen Grundsatz der einheitlichen Anwendung des Unionsrechts gerüttelt werden – das Maß der Homogenität zwischen den Staaten des Europarates im Hinblick auf die Europäische Menschenrechtskonvention unterscheidet sich dann aber nicht mehr fundamental von der Situation innerhalb der Europäischen Union bezogen auf das gesamte Unionsrecht. Selbst wenn dies aber nicht anzunehmen wäre, bildet gerade die einheitliche Anwendung der Europäischen Menschenrechtskonvention in der Auslegung des Straßburger Gerichtshofes ein, ja vielleicht gar *das* wesentliche Element für die stärkere Homogenisierung des Vertragsraumes der Europäischen Menschenrechtskonvention.

Drittens ist zu bedenken, dass die verminderte Kontrolldichte des Bundesverfassungsgerichts im Verhältnis zum Europäischen Gerichtshof beziehungsweise den Organen der Europäischen Union sogar dann Platz greift, wenn dies zu Grundrechtseingriffen führt, die – würden sie von der deutschen Staatsgewalt zu verantworten sein – nicht zulässig wären. Demgegenüber führt eine Hinnahme und Akzeptanz der Rechtsprechung des Europäischen Gerichtshofs für Menschenrechte unter der Geltung von Artikel 53 der Europäischen Menschenrechtskonvention nie zu einem verminderten Grundrechtsschutz.

Probleme mit dem materiellen deutschen Verfassungsrecht können sich vielmehr im Verhältnis zum Europäischen Gerichtshof für Menschenrechte allein in mehrpoligen Grundrechtsverhältnissen (Stichwort: *Caroline von Hannover)* sowie ferner in Fällen grundrechtlicher Schutzpflichten (Stichwort: Sicherungsverwahrung) oder aber bei einem Konflikt der Rechtsprechung des Europäischen Gerichtshofs für Menschenrechte mit anderen objektiven Verfassungsprinzipien (Stichwort: Fall Vogt und Artikel 33 Absatz 5 GG) ergeben, führen aber (anders als bei der Akzeptanz des Vorrangs des Unionsrechts) jedenfalls nicht zur Legitimation direkter Grundrechtseingriffe.

Nur die Anerkennung eines faktischen Vorrangs der Rechtsprechung des Europäischen Gerichtshofs für Menschenrechte vermag zudem einen fortdauernden Konventionsverstoß der Bundesrepublik Deutschland verhindern. Auch fällt eine negative Vorbildwirkung für andere Konventionsstaaten im Falle einer Nichtbefolgung eines Straßburger Urteils erheblich ins Gewicht, zumal dies zu einer signifikanten Schwächung und Destabilisierung des Konventionsregimes führen kann, die aus deutscher Sicht rechtspolitisch nicht erwünscht ist: warum sollten etwa EMRK-Staaten wie die Russische Föderation, die Türkei oder Bosnien-Herzegowina und deren Verfassungsgerichte Urteile aus Straßburg befolgen und umsetzen, wenn schon Deutschland mit seinem rechtsstaatlichen Selbstverständnis dies unterlässt?

Schließlich erscheint auch ein Vergleich mit der Rechtsprechung des Bundesverwaltungsgerichts im ausländerrechtlichen Fall des sogenannten *Kalifen von Köln*[102] relevant. In diesem Fall war ja bekanntlich zu entscheiden gewesen, ob mangels effektiven Rechtsschutzes gegen mögliche Folter oder erniedrigende Behandlung in der Türkei ein zielstaatsbezogenes Abschiebungshindernis für den Kläger vorlag. Hier entschied das Bundesverwaltungsgericht, dass dem Kläger in der Türkei die Möglichkeit eröffnet sei, Konventionsverletzungen nach Erschöpfung des innerstaatlichen Rechtsweges im Wege einer Individualbeschwerde zum Europäischen Gerichtshof für Menschenrechte geltend zu machen.[103] Der Kläger musste sich also mithin darauf verweisen lassen, seine Rechte gegenüber möglichen Konventionsverletzungen in der Türkei und gegebenenfalls von der Türkei aus wahrzunehmen, mit der Folge, dass seine Klage abgewiesen wurde.

---

[102] BVerwGE 122, 271; dazu näher *C. Walter,* Abschiebungsschutz für den „Kalifen von Köln?", JZ 2005, S. 788 ff.
[103] BVerwGE 122, 271, 276 ff.

Das Bundesverwaltungsgericht ging also mit anderen Worten davon aus, dass im horizontalen Verhältnis zwischen den Konventionsstaaten – hier Deutschland und der Türkei – der Menschenrechtsschutz durch den Europäischen Gerichtshof für Menschenrechte ausreiche, um eine Behandlung sicherzustellen, die den Vorgaben des Grundgesetzes entspricht. Diese Feststellung muss bei konsequenter Weiterführung aber auch – und vielleicht erst recht – im vertikalen Verhältnis zwischen dem Europäischen Gerichtshof für Menschenrechte und den einzelnen Konventionsstaaten gelten. Denn es gibt keine nachvollziehbare Erklärung dafür, warum der konventionsrechtliche Grundrechtsschutz im *horizontalen* Verhältnis zwischen den Konventionsstaaten ausreichend sein soll, im vertikalen Verhältnis zwischen dem Europäischen Gerichtshof für Menschenrechte und den Konventionsstaaten aber plötzlich nicht mehr ausreichen soll.

Bei einer anderen Betrachtungsweise würde sich zudem die Gefahr aufdrängen, dass die Konventionsstaaten nach Belieben entscheiden könnten, wann der europäische Grundrechtsschutz durch den Europäischen Gerichtshof für Menschenrechte relevant sein soll und wann eben gerade nicht.

X. Ausblick

Das Verhältnis von Karlsruhe und Straßburg darf nicht nur im nationalen sondern muss auch und vor allem im gesamteuropäischen Kontext betrachtet werden. Dabei sollte man sich vor Augen führen, dass es vor allem Aufgabe des Europäischen Gerichtshofs für Menschenrechte ist, einen europaweiten menschenrechtlichen Mindeststandard zu gewährleisten.

Die vom Europäischen Gerichtshofs für Menschenrechte in vielen Fällen geübte richterliche Zurückhaltung, welche in einer weit verstandenen „margin of appreciation" der Konventionsstaaten bei der Einschränkung von Konventionsrechten und der strengen Handhabung der Zulässigkeitskriterien einer Menschenrechtsbeschwerde gemäß den Artikeln 34, 35 EMRK ihren Ausdruck findet, zeigt, dass der Gerichtshof – gerade in historisch und kulturell bedingt sensiblen Bereichen – die Gestaltungsspielräume der Konventionsstaaten ernst nimmt. Davon legen neben dem bereits erwähnten Urteil zu Kruzifixen in italienischen Schulen[104]

---

[104] Fn. 72.

aktuelle Straßburger Entscheidungen zum Verbot von Abtreibungen in Irland,[105] zum Verbot des Baus von Minaretten in der Schweiz[106], zum Verbot der künstlichen Befruchtung mit gespendeten Samen- und Eizellen in Österreich[107], zur Strafbarkeit des Inzests in Deutschland[108] sowie, was die Vertragsparteien der Konvention anbelangt, die Erklärung von Brighton vom April 2012, beredtes Zeugnis ab.

Das Thema überlange Gerichtsverfahren in Deutschland zeigt zudem, dass auch hierzulande die Bereitschaft des parlamentarischen Gesetzgebers dem Europäischen Gerichtshof für Menschenrechte – unabhängig von dem Bestehen einer diesbezüglichen nationalen oder völkerrechtlichen Pflicht – zu folgen und die nationale Rechtslage konventionskonform auszugestalten durchaus vorhanden ist.

Dass gerade im Bereich der aus deutscher Sicht im Hinblick auf den Europäischen Gerichtshof für Menschenrechte besonders problematischen mehrpoligen Grundrechtsverhältnisse Abwägungsvorgänge zu unterschiedlichen Ergebnissen führen können – Stichwort: *Caroline von Hannover* –, ist auch den nationalen Rechtsordnungen nicht fremd. Hier sollte bedacht werden, dass der Europäische Gerichtshof für Menschenrechte einheitliche Maßstäbe anwendet und mit einer gewissen Objektivität entscheidet. Der Fall *Görgülü* zeigt, dass eine Kontrolle durch eine objektive, gewissermaßen außenstehende, Instanz dringend geboten sein kann.

Alles in allem geht es – anders als der Titel dieses Beitrages „Grundrechtsschutz *zwischen* Karlsruhe und Straßburg" es auf den ersten Blick nahe legen könnte – nicht um ein Spannungsverhältnis *zwischen* zwei Institutionen, die wie das Bundesverfassungsgericht und der Europäische Menschenrechtsgerichtshof beide gleichermaßen dem Schutz individueller Rechte verpflichtet sind, sondern vielmehr um einen einheitlichen kombinierten und sich wechselseitig ergänzenden und stärkenden Grundrechtsschutz *durch* Karlsruhe und Straßburg in einem Europa, in dem der Schutz der Grund- und Menschenrechte des Einzelnen heute ein Wert von zentraler Bedeutung ist.

---

[105] EGMR, Urteil vom 16. Dezeber 2010, 25579/05.
[106] EGMR, Entscheidungen vom 8. Juni 2011, 65840/09 und 66274/09.
[107] EGMR, Urteil vom 3. November 2011, 57813/00.
[108] EGMR Stübing gegen Deutschland, Urteil vom 12. April 2012, 43547/08.

Schriftenreihe der Juristischen Gesellschaft zu Berlin

Frühere Hefte auf Anfrage
Mitglieder der Gesellschaft erhalten eine Ermäßigung von 40 %

www.ingramcontent.com/pod-product-compliance
Lightning Source LLC
Chambersburg PA
CBHW071352280326
41927CB00041B/3054